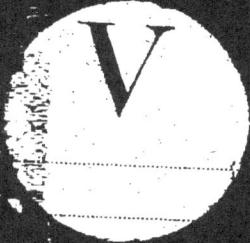

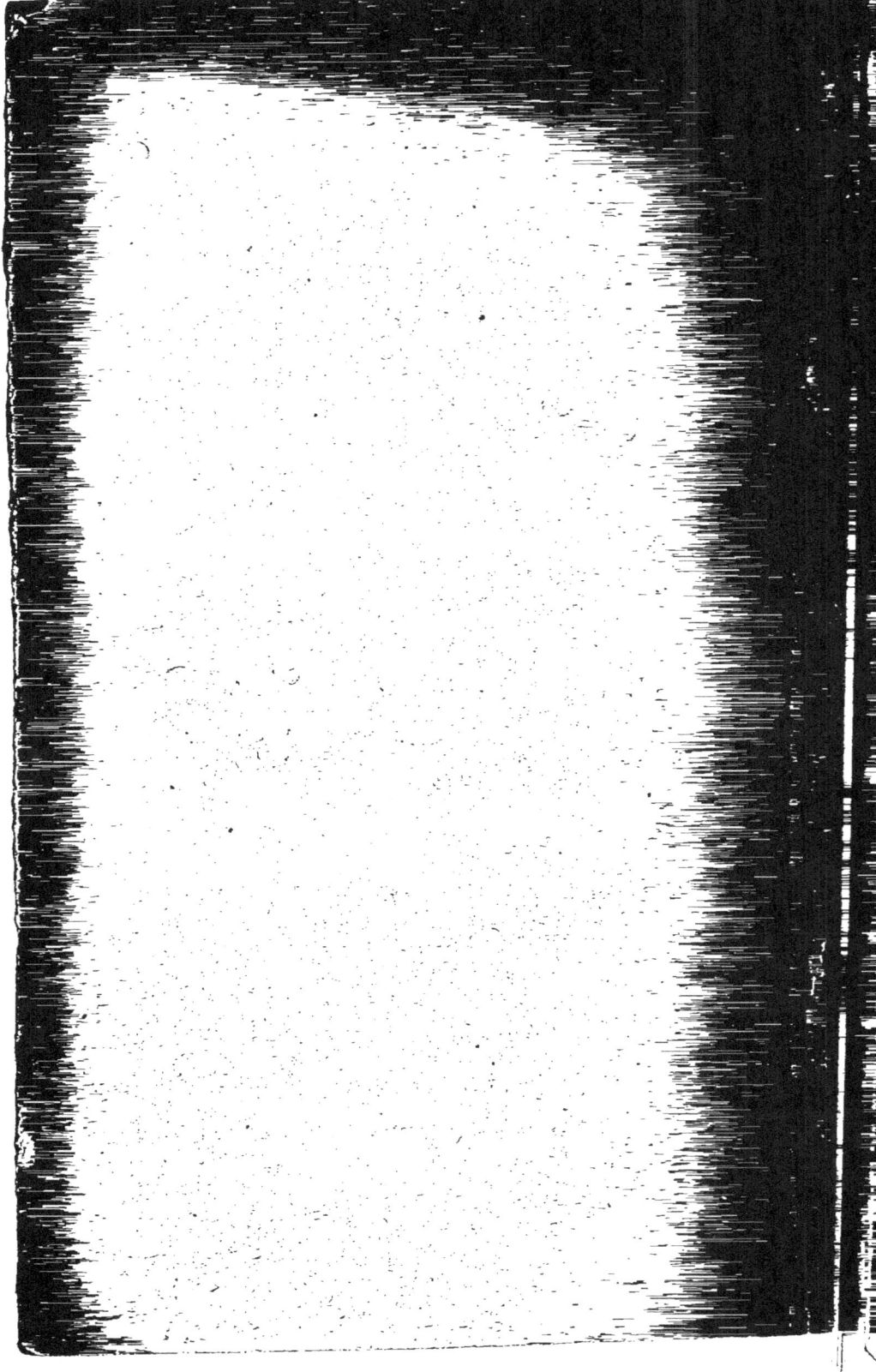

EXPLICATION DES OUVRAGES DE PEINTURE ET DE SCULPTURE DE MESSIEURS DE L'ACADÉMIE DE S. LUC,

Dont l'exposition se fera le 30 Mai 1753 dans une Salle de l'Arsenal, Cour du Grand-Maître, sous les auspices de M. le Marquis DE VOYER D'ARGENSON, Maréchal de Camp & Armées du Roi, Lieutenant Général en sa Province d'Alsace, Gouverneur de Romorentin, Inspecteur Général de la Cavalerie & Dragons, Directeur Général de tous les Haras du Royaume, Honoraire-Associé libre de l'Académie Royale de Peinture & Sculpture, Vice-Protecteur de l'Académie de SAINT LUC.

A PARIS,
De l'Imprimerie de D'HOURY pere, Imprimeur-Libraire de Mgr. LE DUC D'ORLEANS & de l'Académie de S. LUC, rue vieille Bouclerie.

M. DCC. LIII.

L'ACADEMIE DE SAINT LUC, aussi ancienne que le goût des François pour la Peinture & la Sculpture, a toujours été une source d'Artistes qui, en cherchant à se distinguer, ont travaillé de concert, & à l'envi les uns des autres, à porter à la perfection les Arts qui sont l'objet de leur application & de leurs veilles. La glorieuse adoption dont les Rois ont bien voulu honorer ce Corps, a nourri & entretenu leur zèle. C'est de cette Académie que sont sortis plusieurs Hommes célébres, à qui un mérite supérieur a procuré des honneurs immortels.

L'Académie de Saint Luc a eu dans tous les temps des Protecteurs illustres & éclairés.

Monsieur le Marquis DE VOYER D'ARGENSON, Vice-Protecteur de l'Académie, dont le zèle pour le progrès des Arts égale la parfaite connoissance qu'il en a, ayant remarqué que l'exposition faite l'année derniere

A ij

avoit contribué considérablement à soutenir & à augmenter l'émulation, sous son bon plaisir l'Académie mettra les nouvelles Productions sous les yeux du Public, dont les suffrages ont encouragé les Académiciens qui avoient soumis leurs Ouvrages à son jugement.

Son Altesse Serenissime Monseigneur LE COMTE D'EU *ayant bien voulu accorder à l'Académie une Salle à l'Arsenal, Cour du Grand-Maître, on y exposera les nouveaux Ouvrages.*

EXPLICATION
DES OUVRAGES
DE PEINTURE
ET
DE SCULPTURE
DE MESSIEURS
DE L'ACADEMIE DE S. LUC

OUVRAGES DE MESSIEURS
les Officiers de l'Académie.

Par M. SPOEDE, Peintre, Recteur, demeurant rue d'Enfer S. Landry.

N°. 1.  Eux Tableaux sous le même N°. toile de trois livres, l'un représentant un Combat de Hussards au pistolet, & l'autre à Armes blanches.

A iij

2 Un autre Tableau, même grandeur, représentant un Chien & un Butor.
3 Deux autres Tableaux, toile de 30, représentant du Gibier.

Par M. MERELLE, P. Professeur, rue Phelypeaux.

4 Deux Tableaux de 6 pieds 8 pouces de haut chacun sur 4 pieds 4 pouces de large, représentant l'un le Portrait de Madame la Dauphine, tenant une Guirlande de Fleurs; & l'autre le Portrait de Madame Victoire, appuyée sur la Corniche d'une Colomne.
5 Le Portrait de Madame de ***. de deux pieds & demis de haut sur deux pieds de large, peinte en huile.
6 Deux autres Tableaux de trois pieds & demis de haut chacun sur deux pieds dix pouces de large, l'un représentant le Portrait de M. de ***. l'autre le Portrait de Madame son Epouse.

Par M. DUMESNIL le jeune, P. Professeur, rue Saint-Martin.

7 Deux Tableaux de trois pieds de haut chacun sur deux pieds de large, re-

préfentant l'un un jeune Homme tenant un Porte-Feuille fous fon bras, & l'autre une petite Fille allant à l'Ecole.

8 Deux autres petits Tableaux, l'un repréfentant une Dame dans fon Lit, lifant une Lettre; & l'autre un Monfieur qui fe fait chauffer par fon Domeftique. Ces deux Tableaux portent chacun un pied de haut fur quinze pouces de large. Ces quatre Tableaux font fous le même Numero.

Par M. HUET, P. *Profeffeur, rue Meflay.*

9 Un Tableau de cinq pieds fur quatre, repréfentant un Chien peint à l'Hermitage de Bagnolet.

10 Le Portrait de M. le Long.

Par M. LE MERCIER, P. *Profeffeur, rue du Gindre, Fauxbourg S. Germain.*

11 Un Tableau, toile de 25, repréfentant l'Oifiveté, ou le Chat qui va au Fromage.

Par M. WANDERVOORS, S. *Profeffeur, rue des Moineaux.*

12 Deux Modéles en terre, repréfentans deux Enfans couchés.

[8]

Par M. Dupont, S. *Profeſſeur, ſur le Boullevard, près le Château-d'Eau.*

13 Un Modéle en plâtre de deux pieds de haut, repréſentant Pommone avec le Génie de Vertumne, qui ſe découvre en levant ſon Maſque, & le tenant à la main. L'exécution dudit Modéle eſt dans le Salon, de ſix pieds & demis de haut, en pierre.

14 Un autre Modéle de la même hauteur, repréſentant une Nayade verſant de l'eau avec une Coquille.

15 Un Modéle repréſentant un Enfant ſur un Cheval Marin, pour être éxecuté en marbre, pour ſervir de Jet d'eau, & pluſieurs autres Eſquiſſes du même Auteur, & ſous le même Numero.

Par M. Blondeau, S. *Adjoint à Profeſſeur, rue des petits Carreaux.*

16 Un Groupe d'Animaux, repréſentant un Loup avec des Chiens; & d'autres Chiens. Ces deux Modéles qui ſont à l'Auteur ont le même N°.

Par M. Desbaptiste, S. *Adjoint à Profeſſeur, rue Meſlay.*

17 Une ſuite de cinq Eſquiſſes pour

mettre sur le Bâtiment de M. le Comte d'Argenson à Neuilly, du côté de l'Eau, l'autre partie ou côté ayant été fait par M. Dupont.

18 Sur l'Angle, deux Génies de la Marne & de la Seine groupés, avec des Fruits & Attributs de Riviere; un Enfant qui court seul, & attrape un Cigne dans des Roseaux.

19 Une Nayade appuyée sur une Rame.

20 Un Chasseur qui en s'arrêtant est actionné à admirer cette Nayade.

21 Une Nymphe au retour de la Chasse du Heron.

22 Une Esquisse sur un Piédestal oval, représentant Psiché en admiration de se voir l'Epouse de l'Amour, tenant une Lampe d'une main, & un Poignard de l'autre, pour égorger le Monstre qu'elle s'imaginoit d'avoir pour Mari ; l'Amour endormi semble à la lueur de la lumiere commencer à s'éveiller.

23 A côté, deux autres petits Groupes, l'un tenant la Lampe, & l'autre semble raconter les Amours de Psiché dans la Caverne, en tenant l'Amour, qui alors lui étoit invisible. Ces trois Morceaux sont pour Madame de Villemur à Neuilly.

24 L'Esquisse d'un Borrée pour M. Hatte, Fermier Général. Le Modéle est en grand.
25 Esquisse d'une Cascade pour Madame Dumetz en sa Maison de Charonne, représentant un Jeu de deux Amours, dont l'un se sent pincé par une Ecrevisse qu'il vouloit prendre sous des Rochers, & envoie demander du secours, pendant que de la main droite il tient un trait caché pour lancer à qui viendroit pour le secourir.
26 Le Modéle d'une Chasse Gothique que l'on veut décorer.

Par M. CRESSENS, S. *Adjoint à Professeur, rue Meslay.*

27 Manassès dans les Chaînes, au repentir de ses crimes.
28 Une Tête modelée sur nature.
29 Un Bas-Relief de cire.
30 Venus & Vulcain.
31 Un petit Bas-Relief de Jeux d'Enfans, représentant les Arts modelés, le tout sous le même Numero.

Par M. JOLLAIN, P. *Adjoint à Professeur, rue Therèse, Butte Saint Roch.*

32 Deux Dessus de Portes, l'un repré-

-fentant le Printemps, & l'autre l'Eté.
33 Trois Esquisses peintes, & plusieurs Desseins à trois crayons sous le même Numero.

Par M. BESNARD, P. Adjoint à Professeur, rue haute des Ursins.

34 Deux petits Tableaux sous le même Numero, de 10 pouces & demi sur 7 pouces & demi de large, représentant l'un une Danse Champêtre, & l'autre un petit Marché.

Par M. CHANTEREAU, P. Adjoint à Professeur, rue Saint Honoré.

35 Plusieurs Tableaux représentans des Repos Champêtres, des Figures, Animaux, & autres, sous le même Numero.

Par M. GUERIN, P. Adjoint à Professeur, rue neuve Saint Mederic.

36 Deux Tableaux de chacun deux pieds & demi de haut sur trois pieds de large, l'un représentant une Léida, & l'autre une Venus qui embrasse l'Amour. Ces deux Tableaux appartiennent à M. Buchelay de Savalette,

Par M. Eisen, P. *Adjoint à Professeur, rue du Foin.*

37 Un Deſſein d'une Vue de Paris, du Pont-Royal au Pont-Neuf. Les Figures repréſentent l'Entrée de ſon Excellence M. le Comte de Kaunitz-Ritzberg, Ambaſſadeur de l'Empereur. Le Deſſein a environ 3 pieds & demis de large ſur 2 de haut.

38 Pluſieurs autres Deſſeins tirés des Contes de la Fontaine.

39 D'autres qui doivent ſervir d'Ornement au Poëme de la Chriſtiade.

40 Le Deſſein du Frontiſpice fait pour la nouvelle Edition d'Alphonſe du Freſnoy.

41 Autre pour la nouvelle Edition du Puffendorff.

42 Pluſieurs Vignettes pour le même Ouvrage.

43 Pluſieurs autres Deſſeins d'un Œuvre ſuivis, à l'uſage de différens Artiſtes, Architecture, Sculpture, Ciſelure, Orfévrerie, Bijouterie, que l'Auteur fait graver pour lui, contenant ſix feuilles chaque Livre, dont il vient de mettre le premier au jour, qu'il a eu l'honneur de dédier à M. le Marquis de Voyer d'Argenſon.

Par.

Par M. HUBERT, S. *Conseiller, rue neuve Saint-Etienne.*

44 Un Groupe en bronze de 2 pieds de proportion, représentant Petus & Arie ; Arie présente le Poignard à son Mari, après s'en être frappée.

Par M. LIOTARD, P. *Conseiller.*

45 Le Portrait de M. de ***. en pastel.

Par M. GLAIN, P. *Conseiller, rue des deux Portes Saint-Sauveur.*

46 Le Portrait de M. Lapara.
47 Le Portrait de Mademoiselle ***.
48 Le Portrait de Madame la *** tenant une Brochure.
49 Le Portrait en Buste de Madame de ***.
50 Une Tête coëffée à la Provençale.
51 Une Tête de Fantaisie.

Par M. VIGÉ, P. *Conseiller, rue Coquilliere.*

52 Le Portrait de M. le Prince de Turenne.
53 Le Portrait de M. Spoëde, Recteur de l'Académie de Saint Luc.

B

54 Le Portrait de Madame Vigé en Marmotte.
55 Deux petites Esquisses, l'une représentant un petit Garçon demandant l'aumône, & l'autre représentant Madame Favard en Marmotte.
56 Un Tableau représentant M. le Comte de Vitry en petit Hussard. Plusieurs autres sous le même N°.
57 Un petit Hussard représentant M. de Foisy le Fils.
58 Autre petit Enfant en corps de Robe.

Par M. POUGIN DE SAINT-AUBIN, P. *Conseiller, rue de Touraine.*

59 Le Portrait de Madame de Sassenay.
60 Le Portrait de M. le Comte de Lillebonne.
61 Le Portrait de Mademoiselle Fauconnet.
62 Le Portrait de M. l'Abbé Tardif.
63 Le Portrait de M. le Chevalier de Brebant.
64 Le Portrait de M. Vaultier.
65 Le Portrait de Mademoiselle de Chameville.
66 Le Portrait de Madame la Comtesse de Mory.
67 Le Portrait de M. P.
68 Le Portrait de M. D. L. R.

69 Le Portrait de Madame D. L. R.
70 Le Portrait de M. D. L. S.
71 Le Portrait de Madame la Marquise de Beuvron, & Mademoiselle sa Fille, en Savoyardes.
72 Le Portrait de M. l'Abbé Fontaine.
73 Le Portrait de M. Mainhulle.
74 Celui de Mademoiselle d'Ambleville de Monconseil en Sœur-Grise.
75 Le Portrait de Madame de Verriere.
76 Celui de Mademoiselle Guéant.
77 Le Portrait de Madame de ***.
78 Le Portrait de M. l'Evêque de L.
79 Celui de M. d'Hamecourt.
80 Le Portrait de l'Auteur peint par lui-même, peignant son Fils.
80 bis. Le Portrait de Madame Garnotelle.

Plusieurs autres Tableaux sous le même Numero.

Par M. VOIRIOT, P. *Conseiller, rue neuve des petits Champs.*

81 Six Portraits à huile, & deux en pastel, sous le même Numero.

Par M. DE FLOTTE SAINT-JOSEPH, P. *Officier des Vaisseaux du Roi, Amateur de l'Académie.*

82 Un Tableau de trois pieds de long

sur deux pieds de haut, représentant un Clair de Lune.

83 Autre Tableau, même grandeur, représentant un Soleil levant dans un Port de Mer d'Italie.

84 Un Tableau de 4 pieds & demis de long sur 3 pieds de haut, représentant un Soleil couchant dans une Rade d'Afrique.

Par M. LE CLERC, P. *ancien Professeur, rue Traversiere Saint-Honoré.*

85 Cinq Tableaux sous le même N°. ; l'un représentant le Jeu de la Main-Chaude, peint sur toile, grandeur de 20 pouces de long sur 15 pouces de haut.

Et les quatre autres peints sur bois : Sujets tirés des Métamorphoses d'Ovide, grandeurs de 17 pouces de long sur 14 pouces de haut ; l'un représentant Diane qui fait dépouiller Calliste qui avoit été engrossée par Jupiter ; & l'autre, Diane surprise par Actéon, qu'elle change en Cerf, lesquels Tableaux appartiennent à M. Girard, Sous-Fermier.

Par M. Dumesnil l'aîné, P. *ancien Professeur, vieille rue du Temple.*

86 Un Saint Jean-Baptiste prêchant dans le Désert, toile de 4 livres.
87 Le Portrait de M. ***.

Par M. Le Maire, P. *ancien Professeur, rue du Petit Lion Saint-Sauveur.*

88 Un Tableau en forme d'Esquisse, toile de 40, représentant une Femme forte, Epouse & Veuve de Cinaté, Prince de Galatie, qui fut tué par le Roi Cinoris, amoureux de cette Princesse.
89 Le Portrait d'un jeune Homme peint en pastel dans une Bordure ovale.
90 Le Portrait de M. de Brou, Conseiller d'Etat, & Ordinaire au Conseil Royal, en pastel, toile de 10.
91 Le Portrait de M. de Tourempré, Gentilhomme de S. A. Mgr. le Duc d'Orleans, en pastel, toile de 10.
92 Le Portrait de M. son Neveu, même toile.
93 Le Portrait de Mademoiselle ***.
94 Le Portrait d'un Gentilhomme.
95 Le Portrait d'un Prêtre, Docteur

B iij

de Sorbonne, en fourrure, tenant un Livre à la main, toile de 25, peint à huile.

96 Le Portrait d'une jeune Demoiselle habillée en Cordelier, en pastel, toile de quatre.

97 Un Tableau représentant des Fruits, toile de 10.

98 Le Portrait de l'Auteur peint par lui-même, en pastel.

99 Un Tableau, toile de 40, représentant M. Bois de Vigny, Exempt des Cent-Suisses de la Garde du Roi, historié avec M^{rs}. ses Freres, & parmi les beaux Arts, dans son Cabinet, peint à huile.

Par M. ALLAIS, P. ancien Adjoint, rue du Jour.

100 Deux grands Portraits peints à huile, sur toile de quatre pieds sur cinq, l'un représentant Madame de *** tenant un Eventail, & l'autre Madame de *** à sa Toilette, ajustant Mademoiselle sa Fille.

101 Un Portrait, toile de 25, représentant Mademoiselle Mazarelly en Chaffeuse.

102 Le Portrait en pastel de M. le B. oc-

teur, petit Buste, toile de huit.

103 Le Portrait de Madame Guilbert, même grandeur.

104 Le Portrait de Madame la Comtesse de Surgere jouant de la Musette, toile de trois pieds sur quatre.

Par M. CORNU, P. *ancien Adjoint à Professeur, rue de la Harpe.*

105 Un Tableau, toile de six livres, représentant Samson pris par les Philistins.

106 Un autre Tableau, toile de 3 livres, représentant Suzanne surprise par les Vieillards.

107 Autre Tableau, même toile, représentant Lot & ses Filles.

108 Un Tableau représentant une Adoration des Rois, toile de 30.

Un Saint Jean dans le Desert, toile de 20.

109 Quatre Tableaux faits à l'occasion d'un Mariage. Ces Tableaux sous le même Numero.

Par M. CHEVALIER, P. *ancien Adjoint, Eléve de M. Raoux, rue du Four S. G.*

110 Le Portrait de M. de Maupeou, Pre-

mier Président du Parlement de Paris, toile de quatre pieds de haut sur trois pieds de large.

111 Le Portrait du Reverendiſſime Pere Ducheſne, Général & Abbé de Sainte Geneviéve, toile de vingt-cinq.

112 Le Portrait de M. Janvier de Flainville, Avocat en Parlement, en Robe de Chambre dans ſon Cabinet, travaillant à un nouveau Dictionnaire Univerſel.

113 Une Eſquiſſe de onze pouces de large ſur ſept pouces & demis de haut, repréſentant la Peinture, la Sculpture, & le Deſſein : Sujet qui a été exécuté en trois Portraits ſur une toile de cinq pieds ſur quatre.

114 Un petit Tableau de treize pouces de haut ſur neuf pouces de large, repréſentant M. de *** dans ſon Cabinet, carreſſant ſon Chien.

115 Les Portraits de Monſieur & Madame Meneſtrier en ovale.

116 Le Portrait de M. Vanek, Officier de la Connétablie, toile de 25.

117 Le Portrait de M. Huet, Profeſſeur de l'Académie.

118 Un Tableau repréſentant des Fruits, un Léſard & un Limaçon, de deux pieds & demis de long ſur un pied huit pouces de haut.

119 Le Portrait de Madame Chapron en Bergere, tenant un Agneau & sa Houlette, toile de 25.

Par M. LEFEVRE, P. *Fils d'ancien Directeur, Quai Pelletier.*

120 Le Portrait de M. Beliffen, Chevalier, Secretaire général de l'Ordre Hofpitalier du Saint-Efprit.
121 Les Portraits en paftel de M. de***, Quartinier de la Ville, & de Madame fon Epoufe.
122 Le Portrait en paftel de Madame de Chalange en Savoyarde.
123 Le Portrait en paftel de Madame ***.
124 Le Frere de l'Auteur à huile, toile de 4.
125 Le Portrait de l'Auteur en paftel.

Par M. BIZET, P. *ancien Confeiller, rue de la Pelleterie.*

126 Deux Tableaux, toile de 25, l'un repréfentant une jeune Fille qui donne à manger à un Serin, & l'autre un jeune Garçon qui deffine.
127 Un autre, toile de 40. en hauteur, repréfentant Venus & Adonis.

[22]

Par M. VIALLIS, Peintre du Roi & de l'Académie.

128 Le Portrait de Dom Philippe, Infant d'Espagne, Duc de Parme.
129 Le Portrait de M. le Chevalier de Perrin.
130 Le Portrait de M. Danthoine, premier Ecuyer de Madame Infante, Duchesse de Parme.
131 Le Portrait de M. Duchesneau, Chevalier de l'Ordre Hospitalier de Saint Lazare.
132 Le Portrait de M. Silant.
133 Le Portrait de M. Destourettes, Agent de la Ville d'Avignon.
134 Les Portraits de M. Franc, Architecte de l'Hôtel Royal des Invalides, & de Madame son Epouse.
135 Le Portrait de M. Hemmery.
136 Le Portrait de Madame de Torram, & celui de M. son Frere.
137 Le Portrait de Mademoiselle ***, habillée à la Gréque.

Par M. SOLDINI, P. vis-à-vis l'Hôtel d'Antin.

138 Un Tableau, toile de 20, repré-

sentant Psiché entrant dans la Grotte d'un Vieillard.

139 Deux autres petits Tableaux ovales, dont l'un représente une Bergere, & l'autre un Berger siflant des Serins.

140 Autre représentant un Dénicheur de Moineaux.

141 Un autre Tableau représentant un Sujet champêtre.

142 Deux petits Tableaux en pastel, dont l'un représente un Berger, & l'autre une Bergere.

Un autre petit Tableau à huile, représentant une Bouquetiere, & plusieurs Esquisses, sous le même N°.

Par M. POTHIER, P. *au Palais Royal.*

143 Un Tableau, toile de 4 livres, qui représente Venus qui se sépare d'Adonis, & lui recommande de ne point s'exposer à la Chasse contre les Bêtes feroces.

Par M. GALAUT, S. *rue S. Honoré.*

144 Le Modéle d'un Apollon, en plâtre.

Par M. NOLLEKENS, P. *rue S. Antoine.*

145 Un Tableau représentant la Femme Adultére.

146 Un Tableau repréſentant l'Acadé‑
mie de............ qui deſſine d'après la
Boſſe.

147 Une Femme qui joue de la Vielle,
repréſentant une Vendange.

Par M. RAGUENET, P. *rue de
la Licorne.*

148 Un Tableau repréſentant l'Iſle de
Notre-Dame, & partie de celle de
Saint Louis, vues de la Porte S. Ber‑
nard.

149 L'Hôtel de Ville de Paris vu de
l'Hôtel des Urſins.

150 La pointe de l'Iſle Saint Louis, &
le Port Saint Paul, vus du coin de la
rue de Seine, Quai Saint Bernard.

151 Le Cloître de Notre-Dame du côté
des Jardins, vu de l'Iſle S. Louis.

Par M. BARRERE, P. *rue aux Ours.*

152 Portrait en paſtel, toile de 20, de
M. *** Officier du Roi, tenant un
Porte-Crayon.

153 Portrait de M. *** à huile, toile de
30, tenant une Pipe.

154 Portrait de Mademoiſelle ***, en
paſtel, toile de 12.

155 Portraits de l'Auteur & de ſon
Epouſe,

Epouse, peints par lui-même en pastel, toile de 20.

Par M. ROUSSEL, P. Cloître S. Jacques l'Hôpital.

156 Le Portrait de M. de la Martiniere, peint à huile, de cinq pieds de haut sur quatre de large.
157 Le Portrait d'une Dame, & celui d'une Demoiselle tenant un Livre de Musique, peints à huile, toile de 20.
158 Portrait d'une Dame, aussi peint à huile, toile de 8.
159 Les deux Portraits des deux Enfans de M. le Comte de Dresseu en habits de Hussard, peints en pastel, toile de 12.
160 Le Portrait d'une Dame, peint en pastel, toile de 10.
161 Le Portrait d'un jeune Enfant pinçant l'oreille d'un Chat, en pastel.

Par M. DEQUOY, Peintre du Roi, aux Gobelins.

162 Un Tableau de Venus couronnée par l'Amour de la victoire qu'elle avoit remportée contre Junon & Pallas.

C

163 Le Jugement de Pâris, & les Attributs des deux Déesses.
164 Un Saint Jean Evangeliste.
165 Un Saint Jacques le Majeur.
166 Le Portrait d'un Cordelier, Docteur de Sorbonne.
167 Le Portrait d'un Principal de Collége.

Par M. CAZES Fils, P. *rue Notre-Dame de Recouvrance.*

168 Un Tableau de trois pieds trois pouces de long sur deux pieds deux pouces de haut, représentant Alphée & Aréthuse.
169 Un Tableau, toile de six, représentant Piram & Tisbée.
170 Le Portrait d'une Dame, toile de vingt-cinq.
171 Un Tableau, toile de 25, représentant l'Enlevement d'Europe.
172 Un Tableau, toile de 10, représentant Jupiter & Calisto.

Par M. PITHOIN Fils, S. *rue S. Martin.*

173 Trois Chutes de Fleurs en terre cuite.

ar M. DURAND, P. *rue de Berry.*

174 Un Tableau, toile de 6 livres, repréfentant l'Ombre d'Achilles qui paroît en Gréce, & demande que sa mort soit vengée par les cendres de Polixenne : auffi-tôt on arrache Polixenne d'entre les bras de sa Mere.

175 Un Tableau, toile de 30, repréfentant un Payfage.

176 Un Tableau, toile de 6, repréfentant un Peintre.

177 Un Tableau, toile de 30, repréfentant Narciffe.

178 Autre petit Tableau, toile de 6, repréfentant une Paftorale.

179 Un Tableau, toile de 3 livres, repréfentant Arion.

Par M. HUET le jeune, P.
rue de Xaintonge.

180 Un Tableau de trois pieds fur deux pieds & demis, repréfentant un Buffet.

181 Autre Tableau, même grandeur, repréfentant un Vafe garni de Fleurs.

182 Trois autres Tableaux repréfentans des Fruits, fous le même Numero.

C ij

Par M. GUILLET, P. *rue Poisson-niere.*

183 Un Tableau, toile de 4 livres, repréſentant des Rochers & Payſages.

Par M. VERNEZOBRE, *Quai Pelletier.*

184 Un Tableau de vingt-deux pouces ſur dix-huit pouces de haut, repréſentant une Carpe, &c.

Par Madame VERNEZOBRE.

185 Le Portrait de M. ***. en paſtel.

Par M. MOULIN, P. *Cul-de-ſac de la Foſſe aux Chiens.*

186 Un Tableau, toile de 4 livres, repréſentant un Payſage où ſont des Rochers, & une Chute d'Eau.

Par M. DUTILLEUX, P. *rue Sainte Marguerite, F. S. G.*

187 Un Tableau d'un Pannier de Pê-

ches, de douze pouces de large sur neuf pouces de haut.

188 Un Tableau de deux pieds & demis de long sur deux pieds de haut, représentant des Tulipes peintes d'après nature.

189 Un Tableau, toile de 50, représentant différentes Légumes & Animaux.

190 Un Tableau de vingt-deux pouces de haut sur dix-huit de large, représentant une Corbeille de Fleurs & quelques Fruits.

Par Madame NEUVE, *rue de Seine, F. S. G.*

191 Le Portrait de Mademoiselle de *** toile de 30.

192 Le Portrait de M. l'Abbé de G. *** toile de 40.

193 Le Portrait de M. le G. *** toile de 40.

194 Le Portrait de Madame *** toile de 40.

195 Le Portrait de Mademoiselle *** toile de 25.

Par M. VILLEBOIS, *P. rue de Seine Saint Germain.*

196 Le Portrait de M. *** Graveur

en Taille-Douce, toile de 20.
197 Les Portraits de Monsieur & Madame R. *** toile de 20.
198 Le Portrait de Madame *** en Napolitaine, de douze pouces de haut sur neuf pouces de large.

Par Mademoiselle DE SAINT-MARTIN, *rue S. André des Arcs.*

199 Un Medaillon du Roi de deux pieds de haut en oval, sur un pied & demi de large.
200 Le Portrait de M. *** dans son Cabinet, de quatre pieds de haut sur trois pieds & demis de large.
201 Le Portrait de M. Voisin, Horloger, de trois pieds de haut sur deux pieds & demis de large.

Par M. CLERMONT, P. *Place de Sorbonne.*

202 Un Tableau, toile de six livres, représentant un Saint Sébastien.

Par M. VITRY, P. *rue de la Tixeranderie.*

203 Un Tableau, toile de 50, repré-

sentant un Liévre & des Perdrix.
204 Autre Tableau représentant des Fruits.

Par M. DORLY, P. *rue S. Denis.*

205 Le Portrait de Madame la Marquise de ***. soutenue par les Graces, toile de 25.
206 Le Portrait de Monsieur & Madame Subro, toile de 25.
207 Le Portrait de Monsieur & Madame la Mare, toile de 25.
208 Le Portrait de Madame de ***.
209 Le Portrait de Madame de ***.
210 Le Portrait de M. Thonnelier, Officier de la Reine.

Par M. COREGE, P. *rue neuve S. Médéric.*

211 Un Tableau représentant le Sacrifice d'Abraham.
212 Un autre représentant Judith qui coupe la tête à Holoferne.
213 Un autre représentant la mort d'Adonis.
214 Une Esquisse représentant Enée qui poursuit Heléne.

215 Deux Desseins, l'un représentant le Jugement de Salomon, & l'autre, Salomon qui encense les Idoles.
216 Plusieurs autres Desseins sous le même Numero.

Par M. BOVET, P. & Dessinateur, *rue basse & Hôtel des Ursins.*

217 Deux Desseins perspectifs des Palais des Dieux, ornés de Figures historiques & allégoriques sous le même Numero.
Une Esquisse intérieure de la même suite.

Par M. QUESNET, P. *rue Beaurepaire.*

218 Le Portrait de M. Ortolan, Chirurgien-Major au Régiment de Marsillac, Cavalerie.
219 Le Portrait du Fils de Madame le Chapt.
220 Le Portrait de la Mere de l'Auteur.

F I N.

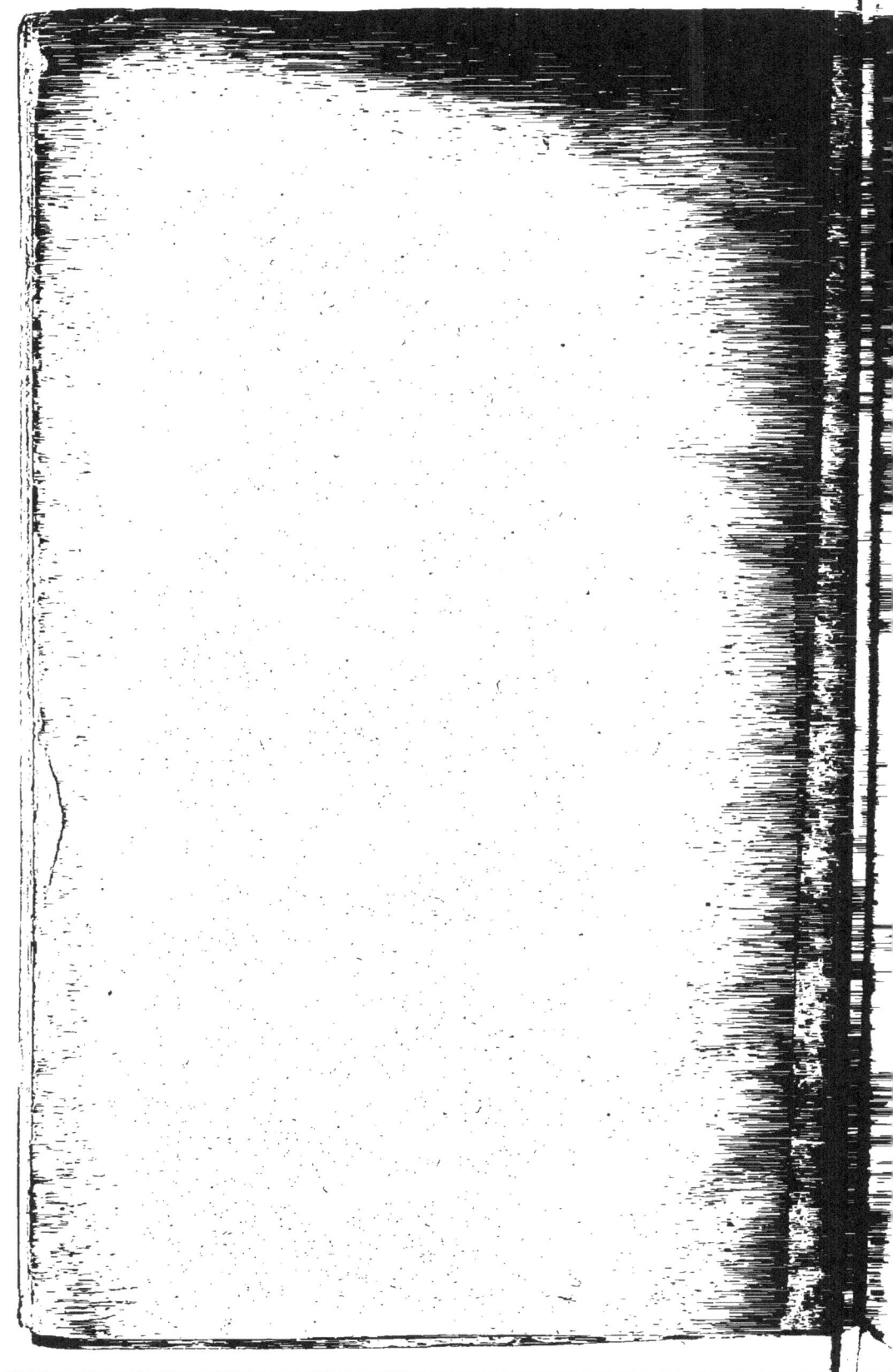

www.ingramcontent.com/pod-product-compliance
Lightning Source LLC
Chambersburg PA
CBHW071201240526
45470CB00017B/1220